Lucien HUBERT et Maurice DELAFOSSE

TOMBOUCTOU

SON HISTOIRE. — SA CONQUÊTE

TOMBOUCTOU

SON HISTOIRE. -- SA CONQUÈTE

TOMBOUCTOU

Mercredi soir 24 janvier arrivait à Paris le télégramme suivant, signé du lieutenant colonel Bonnier, ancien commandant supérieur du Soudan par intérim et actuellement commandant en chef du corps d'occupation :

« Ayant appris la situation critique dans laquelle se trouvait, à Kabara, la flottille du Niger, je me suis, en toute hâte, dirigé sur Tombouctou, où je suis arrivé le 10. Mes craintes, malheureusement, n'étaient que trop justifiées. En effet, à la date du 28 décembre, un détachement de la flottille, presque exclusivement composé d'indigènes, avait été atteint dans la plaine de Kabara par les Touaregs et détruit. Nous avons pris quelques pirogues en route. Aucune complication nouvelle à craindre. Rapport suit. »

Cette dépêche provoqua dans toute la presse un véritable déluge de notes, articles, communications sur Tombouctou, que chacun appela à l'envie la « cité sainte du Sahara », la « métropole du Soudan », etc. Chaque journal faisait suivre ces notes plus ou moins fantaisistes d'appréciations tantôt louangeuses, tantôt fort sévères sur le coup de main du colonel Bonnier. Les uns demandaient son rappel, les autres voulaient qu'on le décorât :

un journal de soir réclama que le gouvernement l'inscrivit au tableau d'avancement tout en lui adressant une verte semonce. Mais des véritables causes qui ont amené la prise de Tombouctou, il n'en était point question. Un seul journal, l'*Eclair* dans son article du 30 intitulé « la Mission du lieutenant d'Ourst » a jeté un jour vrai, en même temps que nouveau, sur cette question qui avait besoin d'éclaircissements.

Nous avons cru utile d'ajouter quelques renseignements aux communications de l'*Eclair* et de donner au public très nombreux qui s'intéresse aux questions coloniales un exposé bref mais documenté des raisons qui ont provoqué la prise de Tombouctou. Et pour ce faire, nous n'aurons qu'à répondre aux quatre questions suivantes :

1° Qu'est-ce que Tombouctou?

2° Quelle a été depuis le commencement du siècle la politique de la France à l'égard de Tombouctou?

3° Que faire de Tombouctou?

4° Comment a-t-on occupé Tombouctou?

CHAPITRE PREMIER

Qu'est-ce que Tombouctou ?

Que n'a-t-on pas dit sur Tombouctou? Le 30 janvier dernier, on pouvait lire dans un journal du soir les étranges lignes suivantes : *Leur langue* (celle des Touareg) *est la langue phénicienne d'où dérive le* bambara *parlé couramment à Tombouctou.* L'auteur de l'article, sans s'en douter évidemment, fait autant d'erreurs que de mots :

1° La langue des Touareg est une langue berbère, tandis que la langue phénicienne est une langue sémitique ;

2° Le *bambara* est une langue *nègre*, de la famille mandingue, et ne dérive par conséquent ni de la langue des Touareg ni du phénicien ;

3° La langue indigène de Tombouctou est, non pas, le *bambara*, mais le *Kissour*, langue nègre de la famille *sonrhaï*. Les autres langues parlées sont l'arabe, le touareg, le foul (ou peuhl), mais non pas le bambara, ou alors tout à fait incidemment.

Tombouctou a été pendant longtemps le grand marché du Sahara occidental. Jusqu'à la fin du XVIIIe siècle. cette ville releva plus ou moins étroitement des sultans du Maroc.

Mais, depuis cette époque, les incursions des Touareg l'ont fait considérablement déchoir de sa première grandeur. Sa population qui, en 1853, lorsque Barth la visita, s'élevait encore à 13,000 individus, n'était plus estimée en 1887, qu'à 5,000 individus par le lieutenant de vaisseau Caron Cet officier écrit que Tombouctou « est grande deux fois comme Bamakou ».

C'est une ville ouverte. sans fortifications, située à 15 kilomètres au nord du Niger, dans une région aride et improductive, obligée de payer tribut aux Touareg.

Ceux-ci ont complètement ruiné son commerce. On n'y vendait plus que des esclaves venus du Macina, lorsque la conquête de ce dernier pays par nos colonnes a tari cette dernière source de négoce.

Tombouctou n'est plus qu'une réunion de huttes de nègres dans un désert.

En tous cas, village ou ville, Tombouctou n'a jamais été la ville sainte qu'ont chantée tant d'organes de la presse. Elle possède un certain nombre de mosquées. comme toutes les bourgades musulmanes, mais de là à en faire une capitale religieuse, il y a une marge. Les habitants indigènes, les nègres Sonrhaï, ne sont guère mahométans que par suite de la conquête Berbère : Quant à leurs conquérants et maîtres, les Touareg, leur ferveur est peu considérable, puisque leur nom, qui leur a été imposé par les Arabes, signifie « les Apostats ».

Mais, d'autre part, Tombouctou a eu de tout temps et a encore aujourd'hui une importance commerciale réelle. Des caravanes, partant régulièrement de la Tripolitaine ou du Maroc, viennent y apporter des marchandises européennes, pour en rapporter divers produits du centre africain.

De plus, stratégiquement, Tombouctou commande le cours du Niger et permet de surveiller à la fois le Sahara et le Soudan.

C'est le point de rencontre des nombreuses routes suivies par les caravanes qui sillonnent le désert et portent au Soudan les produits du nord de l'Afrique, en échange des esclaves, de l'ivoire, des bestiaux, de la poudre d'or qu'ils transportent dans les pays barbaresques.

Les principales routes qui passent à Tombouctou sont les suivantes :

De Rhât à Tombouctou par In-Salah ;

De Tafilalet à Tombouctou par Timimoun et In-Sala, ou par l'Oued-Drâa ;

D'Aouguilmin à Tombouctou par Taodéni ;

De la côte de l'Océan et du Maroc au pays Haoussa par le Niger.

On sait que Tombouctou, dont 'e nom véritable est *Tin-Bouktou* ou *Tim-Bouktou*, est d'origine relativement récente. Elle fut bâtie vers le milieu du dix-huitième siècle, à la suite du pillage de Gogo, l'ancienne ville nègre, par les Touareg, vainqueurs de Sonrhaï.

CHAPITRE II

Politique de la France à l'égard de Tombouctou

Le premier français et en même temps le premier européen qui ait vu Tombouctou est René Caillié qui, parti de Saint-Louis du Sénégal en 1824, remonta ce fleuve et atteignit le Niger, qui en est distant seulement de 80 kilomètres, remonta le Niger à son tour et parvint ainsi à la ville qui nous intéresse. L'autrichien Lenz, l'allemand Barth, les anglais Overweg et Richardson visitè-rent depuis Tombouctou, ils ont confirmé tous les renseignements fournis par le voyageur français.

Depuis la conquête de l'ancien royaume de Ségou, la politique du Soudan français fut toujours dirigée vers Tombouctou, et les postes fondés successivement sur le Niger n'étaient que des étapes vers la ville commerciale du Sahara méridional.

Vers 1887, grâce à la paix qui régnait dans le Soudan, on put pousser en avant les reconnaissances sur le Niger. La canonnière le *Niger*, mise à l'eau à Bammakokou en mai 1884, n'avaitpu, dans son voyage d'exploration de 1885, dépasser le marigot de Djenné, qui met le Bani ou Mayel Balével en communication avec le Niger : et encore, dans ce voyage très rapide, le commandant du navire, le lieutenant Davoust, ne put s'arrêter à Ségou. En 1887, le lieutenant de vaisseau Caron fut plus heureux. Il franchit le marigot de Djenné, se rendit à Mopti, d'où il partit pour rendre visite à Tidiani, roi du Macina, dans sa capitale de Bandiagara. Puis, descendant le Niger, il parvint à Kabara, le port de Tombouctou, après avoir fait des relevés hydrographiques que son successeur, le lieutenant de vaisseau Jaime, put utiliser quand, en 1889, il redescendit le Niger jusqu'à Koriomé, village situé à côté de Kabara.

Depuis ces deux missions fluviales, Tombouctou devint le principal objectif de notre politique au Soudan septentrional. Il l'était déjà auparavant. Voici ce qu'écrivait le général Faidherbe à la date du 25 août 1885.

« Déjà avec les moyens de communication imparfaits qui existent, mais grâce à la sécurité que procurent nos postes, un courant commercial se crée entre Médine et Bamakou; les caravanes qui, à travers le Fouta-Djallon, gagnaient Sierra-Léone commencent à dévier de leur route; celles qui, de Tombouctou, se dirigent vers le Maroc et le cap Djuby, trouveront avantage à venir nous apporter leurs produits à Bamakou, à Sansandig et à nous les livrer à Tombouctou même, lorsque nos canonnières, convoyant nos traitants, leur permettront de s'y rendre.

« Enfin il est une autre conséquence de notre établissement qu'il faut signaler. Maîtres de la ligne Médine-Bamakou-Tombouctou, nous couperons une grande partie des voies suivies par les caravanes qui, jusqu'au fond du Soudan, vont chercher des esclaves pour les transporter dans le nord, dans le Sahara et au Maroc. Nous détruirons ainsi ce commerce infâme de la traite. De plus, par notre seule présence, nous serons un obstacle à ces guerres continuelles qui dévastent, ruinent et dépeuplent le Soudan occidental. C'est là une promesse d'avenir qui se base sur des faits acquis. Déjà autour de certains de nos postes du haut fleuve des Tribus noires sont venues chercher protection et se sont établies, cultivant la terre, élevant des troupeaux et fournissant des vivres à nos soldats. Ce mouvement ne peut que s'accentuer. »

Depuis, nous avons fait bien des progrès. La campagne de 1892-93 nous a donné le Macina, et tout le monde sait que c'est au Macina que se trouve la clef de Tombouctou. La ville saharienne ne peut subsister sans le Macina, qui lui fournit tous ses vivres ; elle ne peut, commercer sans Djenné, qui entrepose les produits du Sahara septentrional, comme elle concentre les produits du Soudan occidental.

A partir du moment où le Macina fut conquis par le colonel Archinard, notre établissement à Tombouctou était décidé. On n'attendait qu'une occasion : elle fut fournie par la mission du lieutenant de vaisseau d'Ourst. Mais ce que voulait le gouvernement français, d'accord avec les vrais coloniaux, c'était une occupation pacifique, surtout au moment où des missions étaient envoyées aux Touareg du nord (Méry en 1893, d'Attanoux, Bonnel de Mézières et le père Hacquard en 1894). Comment, au lieu d'une occupation pacifique, avons nous en un coup de main militaire, c'est ce que nous tâcherons d'expliquer un peu plus loin.

CHAPITRE III

Que faire de Tombouctou ?

Nous avons vu au début de cet opuscule que Tombouctou n'était ni la ville sainte dont on parle avec mystère ni la capitale du Soudan comme on nous la représente couramment.

Tout en reconnaissant l'excellence de sa position stratégique, hâtons-nous de spécifier que Tombouctou est surtout un grand centre de caravanes.

Nous extrayons d'un article de monsieur G. Clémenceau à la date du 31 janvier cette appréciation.

Ce que nous ferons de Tombouctou n'est ici qu'une question secondaire Il est à présumer que nous n'en ferons pas grand'chose, si nous jugeons à propos de nous y maintenir. M. Thalames fait à ce propos des observations qui ne sont guère encourageantes.

Vous pensez que nous sommes les maîtres du désert, parce que nous possédons Tombouctou et que nos colonnes *approchent* d'Aïn-Salah. Permettez-moi d'abord de vous dire que je ne vois pas bien l'intérêt qu'il y a à posséder un désert, et que nos colonies ne sont pas à Aïn-Salah. Mais quand elles y seraient, oubliez-vous donc le nombre de kilomètres qui séparent Aïn-Salah et Tombouctou ? Oubliez-vous aussi que les Touaregs habitent précisément entre les deux villes ? On ne serait pas, je crois. maître de la France, si l'on possédait Nice et Dunkerque, surtout si le climat ressemblait chez nous à celui du Sahara.

Quant aux caravanes, il faut en rabattre. Cent chameaux ne portent guère que la charge de quatre ou cinq wagons de marchandises. Il en faudrait beaucoup pour que le trafic fût « analogue à celui de nos plus petites lignes, où il passe bien un train de marchandises par jour. »

D'ailleurs, quel était l'objet du principal trafic : les esclaves pour les pays musulmans de l'Afrique du Nord. Commerce anéanti désormais, ce qui explique pourquoi « Tombouctou, qui fut un *gros bourg*, n'est plus qu'un grand village de quelques milliers d'âmes. »

Le Sahara était jadis la route de sortie du Soudan, parce qu'en l'absence de colonies européennes dans l'Afrique occidentale, alors aux mains de rois nègres guerriers, les Achantis, les Peuls, les Dahoméens, le Sahara était le chemin le plus sûr ou le moins dangereux vers l'Europe; en pays sauvage, la meilleure route est celle où l'on ne trouve personne. Par le Sahara, on était quitte pour acquitter un péage aux Touaregs. Mais aujourd'hui les voies de sortie du Soudan sont la Bénoué et le bas Niger, le Sénégal, et surtout le haut Nil.

Cette opinion est sensiblement inexacte.

En 1887 on a compté à Tombouctou 400 caravanes de 350 chameaux chacune environ, ce qui représente un transport de 22 millions 1|2 de tonnes,

En même temps la petite ville de Kabara expédiait 50 chalands ce qui représente 22 mille tonnes.

On voit donc de quel intérêt serait l'etablissement du fameux chemin de fer transsaharien qui drainerait tout le commerce des caravanes.

On a beaucoup reparlé de ce chemin de fer lors de l'apparition de la brochure du général Philibert et de M. Rolland.

Leur projet était de se servir du réseau algérien jusqu'à Biskra puis Biskra Ouargla Amguid.

Ce pays est parcouru par des caravanes nombreuses comme nous l'avons montré plus haut.

On a dit d'Amguid qu'elle était une *étoile de routes*.

D'Amguid on pourrait aller à Tombouctou ou à Bouroum ou vers le Tchad.

On a fait sans doute des objections.

D'abord le tempérament belliqueux des Touareg, ensuite la mobilité des sables, mais ces objections ne sont pas irréfutables.

D'après les calculs de ce projet le kilomètre reviendrait à 50.000 francs.

Voyons quels seraient d'après M. Rolland les avantages résultants.

M. Rolland parle d'abord, de l'intérêt moral puis de l'intérêt colonial.

Il présume que le tronçon de Biskra à Ouargla se suffirait amplement.

Le chemin de fer serait à voie étroite.

Il servirait à deux sortes de trafics :

1° Le trafic Saharien ;

2° Le trafic Soudanais.

Le premier de gare à gare, le second sur grande distance.

M. Rolland estime que le Sahara est parcouru par des centaines de caravanes qui deviendraient des lignes annexes.

Il compte sur 6 millions de recettes par an soit 2000 francs par kilomètre ce qui serait assurément un intérêt convenable.

En somme la construction du Transsaharien reviendrait à 200 millions.

Certes c'est une somme pour le budget mais ne pourrait-on s'arranger avec une compagnie ?

En attendant ce fameux Transsaharien on a commencé — je dis commencé — le chemin de fer du Sénégal.

Il doit comprendre trois tronçons :

1° De Dakar à Saint-Louis ;

2° De Saint-Louis à Kayes par le fleuve.

3° De Kayes à Bamakou.

Après la mission Gallieni en 1879 on en vota les crédits (1880).

Mais première maladresse on commença les travaux à Kayes au lieu de commencer comme l'indiquait le bons sens à Saint-Louis.

Il fallait donc transporter à Kayes les matériaux, les ouvriers — Italiens et Marocains pour la plupart, — les médicaments, les vivres, etc.

En 1880-81 1000 kilogrammes de Bordeaux à Kayes coutaient 7000 fr. de transport.

Ce prix est tombé à 1200 francs.

Les matériaux étaient transportés sur chalands et naturellement, aux endroits difficiles du fleuve, les indigènes ne se gênaient guère pour jeter à l'eau soit une portion de locomotive soit les morceaux d'un pont de fer, soit même des rails.

En outre la végétation extraordinaire forçait à recommencer le travail à chaque saison.

Bref en trois campagnes de 1880-81 à 1882-83 on construisit 56 kilomètres pour 25 millions. Naturellement en 1884 la Chambre refusa de nouveaux crédits.

Elle ignorait peut-être que ces 25 millions avaient servi aussi à construire les forts de Kayes, Bafoulabé, Kita, Koundou, Kassola et Bamakou ce qui ramènerait le prix de revient du chemin de fer à 15 ou 16 millions.

Détail curieux : Depuis le refus des crédits, les travaux ont continué avec les seuls crédits de ravitaillement et nous sommes aujourd'hui à Bafoulabé. Même il y a un tronçon de Bafoulabé à Badoumbé.

En résumé 132 kilomètres à voie de 1 mètre de Kayes à Bafoulabé et 80 kilomètres à voie de 60 centimètres de Kayes à Badoumbé.

Enfin il serait urgent de terminer les 114 kilomètres de Badoumbé à Kita et les 220 kilomètres de Kita à Bamakou.

Le prix de revient approximatif serait de 35 à 40 mille francs le kilomètre.

CHAPITRE IV

Comment a-t-on occupé Tombouctou ?

Le 29 janvier M. Maurice Lebon, sous-secrétaire d'Etat aux colonies recevait de M. Grodet, gouverneur du Soudan le télégramme suivant :

Je reçois du commandant de la flottille la dépêche ci-après datée de Kabara, 11 janvier :

L'enseigne de vaisseau Aube laissé à Kabara à la surveillance des bateaux a été attaqué le 28 décembre entre ce point et Tombouctou par une colonne de Touareg. Il a été tué ainsi qu'un second maître et dix-huit laptots.

Le lendemain 29 décembre, nos canonnières ont délogé une autre colonne de Touareg de Kabara, où elle avait pénétré.

Le colonel Bonnier, apprenant à Mopté l'entrée de nos troupes à Tombouctou, s'est dirigé de suite vers cette ville, où il est actuellement.

Toutes les colonnes ennemies ont été dispersées. La situation est bonne, les communications entre Kabara et Tombouctou sont rétablies. Une caravane venant du Touat nous est signalée ; rapport suit.

Il s'ensuit donc que l'enseigne de vaisseau Aube, se trouvait déjà, bien avant l'arrivée du colonel Bonnier entre Tombouctou et Kabara.

L'explication de ce fait qui n'a pas manqué d'intriguer la presse est simple.

Le lieutenant de vaisseau Boiteux, commandant la flottille du Niger ayant appris la marche du colonel Bonnier sur Tombouctou n'hésita pas un instant à prendre les devant et enlever cette ville avant son camarade de l'artillerie de marine.

En conséquence la flottille se dirigea vers Kabara.

C'est alors que l'enseigne de vaisseau Aube débarqué le premier marcha vers la ville tant convoitée.

Surpris et attaqué par les Touareg nous avons vu comment il trouva une mort glorieuse, certes, mais comme nous le verrons inutile.

Le lieutenant Boiteux, sur ces entrefaites se porta vivement au secours de son subordonné, et c'est lui *et non le colonel Bonnier* qui enleva Tombouctou.

Et même, en relisant les termes peu explicites du second télégramme annonçant la mort de l'enseigne, Aube, ne serait-on pas dans le vrai en émettant l'hypothèse suivante : le lieutenant Boiteux aurait occupé Tombouctou sous un prétexte que nous ignorons, profitant des bonnes dispositions à notre égard des indigènes Sonrhaï, obligés de payer tribut aux Touareg. L'enseigne Aube aurait été laissé à Kabara pour garder la flottille et ce serait, soit en allant à Tombouctou prendre les ordres du lieutenant Boiteux, soit en revenant, qu'il aurait été attaqué et massacré par les Touareg campés autour de la ville et désireux de venger son occupation.

Ce prétexte que nous ignorons, pourrait être une mission confiée au lieutenant Boiteux, qui aurait été chargé de négocier un premier traité avec les notables de Tombouctou et de faciliter ainsi la tâche du lieutenant d'Ourst.

Le colonel Bonnier n'entra donc en somme que dans une ville déjà conquise.

Le colonel Bonnier sera-t-il réprimandé ?

Il est permis de le supposer et cela pour les raisons suivantes :

D'abord le gouvernement avait nettement indiqué lorsqu'il envoyait le gouverneur civil monsieur Grodet son intention nette de répudier autant que possible les coups de main militaires et de les remplacer par une politique civile et pacifique.

En second lieu la prise de Tombouctou n'était pas urgente à ce point. En effet, après la prise de Djenné par le colonel Archinard les gens de Tombouctou avaient euvoyé au colonel une députation pour l'assurer de leur désir de vivre en paix avec nous.

A ce moment les journaux bien informés concluaient: pour peu qu'on agisse avec sagesse il est permis d'espérer que d'ici peu de temps Tombouctou nous ouvrira d'elle même ses portes.

Or voilà ce qu'avait bien compris le gouvernement lorsque fut décidée la mission du lieutenant d'Ourst.

Pour plus de détails voici les lignes que nous portions à l'*Eclair* et qui parurent à la date du mardi 30 jauvier.

Les étapes vers Tombouctou

Depuis longtemps, comme nous l'avons répété maintes fois, la campagne était orientée vers Tombouctou.

En 1887, le lieutenant Caron touchait Kabara, où il recevait les notables de Tombouctou, empêché par la faiblesse de son escorte de gagner cette dernière ville tout en surveillant sa canonnière.

En 1889, le lieutenant Jaimes abordait à Koriomé. près de Kabara.

Enfin en 1893, le 12 avril, le colonel Archinard occupait Djenné sur le Mayel Balevel (rivière rouge) non loin du Viger, et Bandiangara le 29 avril.

Nos lecteurs peuvent se souvenir de la construction d'une canonnière en aluminium, démontable et transportable, qui eut lieu l'an passé et fut couronnée par le succès dés expériences.

Sur cette canonnière, le lieutenant d'Ourst a quitté Bordeaux le 5 janvier dernier. Et quelle était la mission du lieutenant d'Ourst ? Officiellement, il devait aller sur son navire aluminium jusqu'à Kayes et Bamakou sur le Niger, afin d'y inspecter notre flottille, plus considérable depuis la prise de Djenné.

Mais des renseignement officieux nous permettent d'ajouter que le lieutenant d'Ourst devait aller beaucoup plus loin. Il était chargé justement de naviguer jusqu'à Tombouctou et de signer des traités avec les chefs de cette ville.

Il devait pousser ensuite jusqu'au confluent du Niger et de la rivière de Sokoto, en aval de Say, puis remonter cette rivière de Sokoto aussi loin qu'elle serait navigable.

Autant que nos observations particulières nous permettent de l'assurer, il avait l'intention de démonter ensuite et de transporter sa canonnière jusqu'au Kammadougou le grand affluent occidental du Tchad. Sur les bords de ce lac, il espérait rencontrer l'explorateur Clozel, qui devait arriver, lui aussi, par voie fluviale.

Parti de Marseille en décembre dernier, Clozel avait mission de remonter le Congo, puis la Sangha, où se trouve actuellement M. de Brazza, afin d'atteindre un affluent du Tchad, le Chari.

Mais le lieutenant d'Ourst a à peine actuellement dépassé Dakar.

Il résulte donc que la prise de Tombouctou n'est pas une surprise pour tout le monde.

L'inattendu est d'y voir arriver à l'improviste le colonel Bonnier, alors que c'est le lieutenant d'Ourst qui devait accomplir cette reconnaissance.

Donc, comme nous l'écrivons plus haut il est probable que le gouvernement désapprouvera la conduite du colonel Bonnier dans cette affaire regrettable.

D'ailleurs l'information suivante du 31 janvier ne laisse aucun doute à ce sujet.

Rappel du colonel Bonnier

Le conseil a ensuite décidé de mander à Paris le colonel

Bonnier afin de permettre à cet officier de fournir des explications sur son entrée à Tombouctou, au contraire des instructions qui lui avaient été adressées.

Nous donnerons une idée exacte sur cette question en citant des extraits d'un article de la « politique coloniale » du 27 janvier 1894.

Comme on le voit, l'affaire est très simple, et paraît toute naturelle : un détachement de la flottille est détruit par les Touaregs devant Tombouctou. Le colonel se met en route et s'empare de la ville. Tout est bien qui finit bien, n'est-ce pas ?

Eh ! bien non, il n'en saurait être ainsi cette fois. La mesure est comble. Expliquons-nous.

La flottille était à Kabara, port de Tombouctou, atteint par le lieutenant de vaisseau Caron en 1887. Pourquoi était-elle sur ce point ? Pourquoi avait-elle quitté la région qu'ella est chargée de surveiller ? Qui l'avait envoyée devant Tombouctou ? Dans quel but, avec quelle mission ?

Il faudra que les officiers mis en cause dans l'affaire s'expliquent clairement sur ces différents points

La vérité est que cette année, comme les années précédentes, le commandant supérieur du Soudan a voulu agir uniquement à sa guise, suivant sa fantaisie.

. . . .

A-t-on réfléchi, avant d'agir, à toutes les conséquences de l'entreprise ? — Non, on s'y est lancé les yeux fermés, sans prévenir personne.

Le gouverneur général de l'Algérie, qui dirige notre politique dans le Sahara, était-il d'accord avec les organisateurs de ce projet ? — Non, il a appris comme tout le monde, l'affaire par les journaux.

S'est-on préoccupé de savoir quelle répercussion lointaine aurait, au Maroc, dans le Sud Algérien surtout, notre arrivée à main armée devant Tombouctou ? — Non, le colonel Bonnier tire sur les Touaregs, tandis que d'Alger on leur tend la main. S'est-on demandé si l'occupation militaire de Tombouctou ne serait pas nuisible à des missions pacifiques qui parcourent le Sahara? — Non, deux ou trois missions scientifiques ou commerciales s'avancent sans armes vers l'extrême-sud, confiantes dans le gouvernement qui les a laissé partir, et apportant en son nom des paroles de paix.

A-t-on songé aux difficultés à la fois matérielles et financières qu'on éprouverait à maintenir l'occupation de cette ville située à plus de 3.000 kilomètres de la côte? — Non, ces considérations sont d'ordre secondaire pour les chefs militaires au Soudan et ne les ont jamais arrêtés dans l'exécution de leurs projets. La France est assez riche pour payer sa gloire, n'est-ce pas?

. . . .

On commence à se rendre compte aujourd'hui de la gravité de cette situation, qu'un de nos éminents confrères, M. Alphonse Humbert, résume ainsi dans l'*Eclair* :

« Un colonel passait par là, il est entré dans la ville parce qu'elle était sur son chemin, voilà toute l'histoire. Au Soudan les colonels se promènent, vont, viennent, font des zigzags en tous sens, livrent des batailles, emportent des villes, signent des traités, et le gouvernement, le plus souvent, ne se mêle pas de ce qu'ils font. *Parfois, cependant, il se permet des observations, mais il est entendu d'avance que les colonels n'en tiendront aucun compte.*

On ne saurait exprimer avec plus d'esprit, plus de justesse, ce que tout le monde pense.

Reste maintenant à savoir ce que va dire à son tour, ce que va faire le gouvernement.

Ce n'est point jusqu'ici l'esprit de décision qui lui a manqué. Nous l'attendons donc à l'œuvre avec une certaine confiance.

Et voici l'article de M. G. Clémenceau, article

du 31 janvier dont nous avons déjà cité et même refuté quelques passages.

C'est une aventure étrange que celle de la prise de Tombouctou. On a cru d'abord à un coup de tête du colonel Bonnier, surpris par une attaque inattendue, obligé de pousser une pointe pour se donner de l'air et assurer la sécurité de sa troupe.

Un chef militaire n'est pas toujours libre de s'arrêter où et quand il veut. Il paraissait probable que les Français, harcelés par l'ennemi, s'étaient vus dans l'obligation de frapper un coup d'éclat. On pouvait regretter qu'une expédition se fût aventurée ainsi, sans instructions précises, sans un plan arrêté d'avance. Mais il faut toujours, en pareille matière, faire la part de l'imprévu, et l'on était disposé à accepter toutes les explications raisonnables de l'incident.

Il en va tout autrement, depuis que nous savons avec certitude que l'expédition sur Tombouctou était voulue, préparée, organisée depuis le mois de novembre, sans que le gouvernement en fût avisé. C'est le lieutenant Aube, tué à l'ennemi, qui écrit *le 15 novembre*, de Mopté : *Dans deux ou trois jours, nous partons pour Tombouctou*, et le 27 de Saraféré, le dernier village du Niger qui soit sous notre domination : *Nous sommes en route pour Tombouctou...*

Il n'y a donc pas de discussion possible sur la préméditation. Comment un chef militaire ose-t-il risquer une pareille entreprise, contrairement aux ordres de son gouvernement, voilà ce qui passe l'imagination. Dans une remarquable lettre qu'il adresse à l'*Evénement*, M. Thalames, professeur d'histoire et de géographie au lycée de Saint-Quentin, prononce sur ce fait le jugement suivant :

« Je n'ai pas à apprécier l'acte d'un officier supérieur qui a trompé le gouvernement sur le lieu de ses opérations pour qu'il fût impossible de lui envoyer contre-ordre, et qui a inventé une histoire de détachement détruit pour servir de prétexte à une expédition qu'il savait contraire aux ordres du ministère, et cela après le rappel de son chef, le colonel Archinard, pour une raison semblable. En bon français, cet acte s'appelle un refus d'obéissance prémédité en présence de l'ennemi et dans un but de gloire personnelle. »

Il est, en effet, difficile d'excuser un tel acte. Bonne ou mauvaise, sage ou prudente, notre politique coloniale ne peut être laissée aux inspirations des chefs militaires d'esprit plus ou moins aventureux. On parle à tout propos d'anarchie. N'est-ce pas le comble de l'anarchie, qu'un colonel puisse préparer pendant deux mois, et exécuter une expédition militaire, en dépit des ordres contraires qu'il a reçus ?

Nous avons montré plus haut qu'il se pourrait cependant que le lieutenant Boiteux ait été chargé d'occuper Tombouctou et de préparer ainsi la voie à la mission d'Ourst.

CHAPITRE V

En somme c'est une grande question de pur principe qui se pose, et le gouvernement aura à prendre une décision extrêmement grave et importante.

Va-t-il continuer et persévérer dans cette voie sage de la conquête civile et pacifique à laquelle il semble avoir donné quelques gages?

Ou va-t-il continuer et persévérer dans la politique militaire des coups de main?

Tout en rendant hommage au courage et à la bravoure de nos soldats, tout en reconnaissant quel grand orgueil et quelle grande fierté ils nous ont donné dans le monde, nous estimons que le soldat n'est pas un bon instrument de colonisation. Car nous ne faisons pas cette étrange distinction entre les colonies commerciales et les colonies stratégiques.

Il n'y a que des colonies commerciales. Colonie stratégique est un déplorable euphémisme. C'est comme si vous disiez du Mont-Valérien qu'il est une ville.

Certes, il nous faut des *points* stratégiques un peu à tous les endroits du globe.

Nous ne faillirons point à nous en procurer, et notre belle armée est là qui les achètera au prix de son courage, et d'autant plus cher qu'elle n'aura pas à lutter là simplement contre des indigènes, mais surtout contre ces ennemis redoutables que sont nos bons voisins d'Europe.

Quant aux seules colonies, celles de commerce, il faut y éviter autant que possible l'intervention du militaire, guerre ou marine, et surtout guerre et marine, ces deux rivales dont la mésintelligence inexplicable a failli nous attirer déjà tant de désagréments.

Car malheureusement, toute chose conquise par la force exige la force pour être conservée, et le soldat n'ayant aucun intérêt de négoce à sauvegarder ne se préoccupe pas assez du contre-coup des luttes sur le commerce.

Et la preuve, c'est que lorsque le soldat part seul en simple explorateur, en civil, il obtient souvent de magnifiques résultats. Nous n'en voulons pour preuve de cette colonisation supérieure par le civil, que les résultats obtenus par le capitaine Binger à la côte d'Ivoire dont il vient d'être nommé gouverneur. Voici ce qu'en disait Emile Berr au départ du capitaine :

La nouvelle colonie où va s'installer le capitaine Binger est une colonie à nous, et dont les Anglais, par on ne sait quel inquiétant miracle de désintéressement, n'ont pas encore songé à nous contester la possession, bien qu'ils y soient nos voisins. . . . .

Notre possession a un développement de côtes cosidérable : six cents kilomètres.

Nous allons voir ce qu'y a fait Binger. Vous conviendrez tout à l'heure que le choix de cet homme s'imposait :

Après trois voyages au Sénégal et au Soudan français, le lieutenant Binger, alors officier d'ordonnance de Faidherbe, avait obtenu, en 1887, du gouvernement, une mission dont l'objet était d'explorer, entre les branches ascendante et descendante du Niger, l'immense territoire circonscrit par les itinéraires de Caillé et de Barth.

Binger avait alors trente-et-un ans. Il fit à pied quatre mille kilomètres, entra en relation avec soixante peuples, conclut des traités, découvrit une demi-douzaine de dialectes, fixa la topographie de régions où pas un «blanc» n'avait mis le pied avant lui.

.   .   .   .

Il paraît qu'il a sujet d'être fier et d'avoir confiance. Sa colonie a déjà un budget de recettes très honorable (650,000 francs, disent les gens bien informés) qui la dispense des secours de la métropole.

Une colonie qui, n'ayant pas coûté un coup de fusil *avant*, ne coûterait pas un sou *après* ! Voilà qui est à peine croyable.

Par contre, voyez notre colonie du Soudan, où là, cependant, bien que la colonisation militaire soit parfois une nécessité, on pourrait, on devrait mettre ordre à ses exagérations.

Nous allons faire de larges emprunts à une récente interview de Paul Bonnetain, où, malgré une tendance d'ancien marsouin à combattre l'armée rivale, nous trouvons le récit d'un état de choses regrettables :

Le Soudan est un pays à la fois affreux et admirable qui, aux mains d'Anglo-Saxons, rapporterait énormément, et qui nous ruine, nous!... Or, caoutchouc, gutta-percha, coton, kola, beurre de karité, maïs, mil, soie végétale, etc., etc., cent richesses que nous n'exploitons pas. Pourquoi ? Parce que le Soudan appartient uniquement à l'artillerie de marine, et n'est pour elle qu'un champ où poussent les galons... qu'une école à feu : — rien de plus!...

.   .   .   .

Au Soudan, les fautes journellement commises n'ont pas la traditionnelle banalité de nos erreurs coloniales. Elles sont savantes. Nous m'entendez : savantes ! On y « gaffe », mais avec des x à la clé, les fontes recélant des tables de logarithmes!...

Après avoir affirmé qu'il est fermement partisan de notre extension là-bas, Paul Bonnetain ajoute :

Toutefois, j'estime, avec tous les gens compétents, avec nos commerçants et industriels, avec aussi de nombreux officiers (non artilleurs), que cette extension pouvait et peut s'opérer sans colonnes, sans canons, *sans dépenses*, PACIFIQUEMENT.

Un Monteil, un Maistre, un Binger, un Quiquandon (on avait celui-ci sous la main, et disponible)! nous auraient, pour citer un seul exemple, donné le Macina sans tirer un coup de fusil. Donné sur le papier ?... Et que voulez-vous de plus jusqu'au jour où nos capitalistes se décideront à utiliser nos conquêtes ?... Arrêter Anglais ou Allemands, cela suffit pour l'instant. Avez-vous d'ailleurs assez d'argent, assez d'hommes pour occuper de nouveaux territoires autrement que « sur le papier ? » ..

L'interviewé montre ensuite la nécessité, non pas de supprimer immédiatement le militaire, mais de lui adjoindre des gouverneurs civils en sous-ordre, système, nous nous hâtons de le dire, qui nous semble encore gros de rivalités et d'ambitions à craindre.

Après quelques pleurs sur l'effacement injuste de l'infanterie de marine, Bonnetain s'occupe des travaux en souffrance :

.... Des routes, allons donc!... De Kayes à Médine, la métropole nègre, il y a onze kilomètres, et, faute de 1,500 francs de travaux, la route (?) reste encore inabordable à un cavalier!... On n'a rien tenté pour draguer un chenal dans les seuils sablonneux barrant le Sénégal entre Podor et Kayes, ni pour trouer à la dynamite (sur la largeur nécessaire à un petit bateau), quatre autres seuils qui sont rocheux. Si bien que, huit mois par an, le Sénégal et le Soudan ne communiquent que par... chalands naviguant à la perche!!! 896 kilomètres : un mois et plus!!! Par contre, les deux colonies sont en guerre. Saint-Louis met en quarantaine les provenances de Kayes, qui, cette année, lui rend la pareille : 25 jours de quarantaine ! Pourquoi 25, étant donnée la durée d'incubation du choléra? Mais demandez donc des connaissances aussi spéciales à d'aimables artilleurs, très ferrés en x, qui étant (comme commandants de cercle), notaires, juges, etc... rendent des jugements commerciaux dont les considérants invoquent la coutume de... Paris et non celle de la colonie limitrophe, celle de Saint-Louis ! ! !

· Et voilà un abus dé la colonisation par le militaire, il est grave et vaut qu'on s'y arrête et qu'on le médite. Il en est d'autres, moins criants sans doute. Bonnetain a parfaitement indiqué le remède et nous pensons pour notre part que nous arriverons plus tôt qu'il ne le croit avec des représentants énergiques et audacieux.

Nous invoquerons encore, à l'appui de notre thèse, l'opinion d'un homme à qui nous devons reconnaître, de cela même qu'il fut un ennemi acharné et redouté, une compétence indiscutable.

M. de Bismarck disait au Reichstag, le 26 juin 1884 :

Je suis l'adversaire des colonies, du moins du système colonial tel qu'il a été pratiqué au siècle dernier et qui, maintenant encore, peut s'appeler le système colonial français, du système qui a pour base l'acquisition d'une portion de territoire pour y provoquer l'émigration et pour y établir des fonctionnaires et une garnison.

. . . .

Mais c'est une autre question que celle de savoir s'il est utile et si l'Etat a l'obligation d'aider ceux de ses sujets

qui ont fondé de telles entreprises, espérant la protection
de l'Etat. A cette question je réponds affirmativement,
tout en doutant de l'utilité de cette protection Je ne peux
pas prévoir ce qui en adviendra, mais j'affirme qu'il y a là
une obligation pour l'Etat. Je ne peux pas m'y soustraire.

Et comment M. de Bismark entend-il la colonisation ?

Je propose de laisser la responsabilité du développement
matériel des Colonies, ainsi que leur fondation, à l'activité
et à l'esprit individuel d'entreprise de nos citoyens, marins
et commerçants, de ne pas entrer dans la voie des annexions des provinces d'outre-mer à l'empire allemand,
mais plutôt de délivrer des lettres-patentes dans la forme
de *royal-charters* anglais, ayant en cela, comme exemple,
le beau succès des commerçants anglais de la Compagnie
des Indes-Orientales ; de laisser enfin les colons se gouverner eux-mêmes, de leur assurer seulement une juridiction européenne par les Européens ; en un mot, de leur
donner une protection qu'on pourra exercer sans y tenir
de garnison.

Voilà donc, en même temps que le désaveu de
la colonisation par le mili aire, un éloge de la colonisation par grandes Compagnies.

Nous avons pu lire, que ce qui se fait en Angleterre n'était guère possible en France, où l'éducation politique fait complètement défaut.

En Angleterre, c'est l'aristocratie (le prince de
Galles, le duc de Fife) qui ont créé les Compagnies
africaines.

Mais si les nobles anglais ont donné leurs capitaux, il ne manque au bourgeois français qu'un
peu d'instruction coloniale pour accomplir des
œuvres semblables.

Et maintenant, nous le répétons, nous avons à
lutter contre l'Angleterre, l'Allemagne, l'Italie.
N'ajoutons pas à cette liste de nos ennemis celle

des peuples avec lesquels nous voulons nouer des rela'ions.

N'oublions pas que la politique coloniale est avant tout humanitaire.

N'oublions pas surtout que ce qu'a fait l'Angleterre est à la portée de tous les peuples patients et courageux.

Montrons-nous plus généreux envers nos explorateurs. Multiplions-en le nombre et les ressources.

Ce n'est pas là de l'argent gaspillé, nos voisins en savent quelque chose.

Et si à nos côtés résonne le fusil anglo-saxon sous le couvert d'un drapeau civilisé, souvenons-nous et moi.trons au monde qu'en quelque endroit que flottent nos trois couleurs, elles gardent toujours en leurs plis un peu de l'air de France et que cet air est celui de la liberté.

Et soyons persuadés que si nos pères de la grande Révolution ont seuls su donner à la patrie qu'ils avaient glorieusement formulée, les frontières continentales aujourd'hui entamées, leurs fils sauront bien donner à la République paternelle d'autres frontières plus vastes et plus belles encore puisqu'elles borneront la République du monde.

GRANDE IMPRIMERIE PARISIENNE

19. FAUBOURG SAINT-DENIS, 19

PARIS